I0802175

Yon Liv Crabtree Rasin

PWOFESÈ

DOUGLAS BENDER
JEAN-PIERRE GASTON

Moun Mwen Rankontre Yo

CRABTREE Publishing Company
www.crabtreebooks.com

Sipò Lekòl A Kay Pou Moun Kap Bay Swen Ak Pwofesè Yo

Liv sa ede timoun yo grandi lespri yo nan kite yo pratike lekti. Men kèk kesyon kap ede lektè yo bati konpreyansyon konpetans yo. Epons posib yo parèt an wouj.

Anvan Lekti:

- De kisa mwen panse liv sa ap pale?
    - *Liv sa se sou pwofesè yo.*
    - *Liv sa se sou sa yon pwofesè fè nan travay la.*
- Kisa mwen vle aprann sou sijè sa?
    - *Mwen vle aprann kote yon pwofesè ap travay.*
    - *Mwen vle aprann kisa yon pwofesè fè.*

Pandan Lekti:

- Mwen mande poukisa...
    - *Mwen mande poukisa gen moun ki vin pwofesè.*
    - *Mwen mande poukisa pwofesè yo itilize tablo.*
- Kisa mwen te aprann jiskaprezan?
    - *Mwen te aprann ke gen pwofesè ki ap travay nan salklas yo.*
    - *Mwen te aprann ke pwofesè yo ede moun yo aprann.*

Aprè Lekti:

- Ki detay mwen te aprann sou sijè sa?
    - *Mwen te aprann ke pwofesè yo ka anseye anpil matyè diferan.*
    - *Mwen te aprann ke se pa tout pwofesè ki anseye nan salklas yo.*
- Li liv la ankò epi chèche mo vokabilè yo.
    - *Mwen wè mo* ***salklas*** *nan paj 6 ak mo* ***tablo*** *nan paj 8. Lòt mo vokabilè yo jwenn nan paj 14.*

Sa se yon **pwofesè**.

Yon pwofesè ede moun.

Pwofesè sa nan
yon **salklas**.

abcdefgh

Yon pwofesè ekri
sou yon **tablo**.

1 2 3 4 5 6 7 8 9 10

Yon pwofesè chita nan yon **biwo**.

Èske ou konnen yon pwofesè?

Lis Pawòl

Mo timoun rekonèt lè yo fèk kòmanse li

moun	ou	se
nan	sa	yon

Mo pouw Konnen

biwo

pwofesè

salklas

tablo

30 mo

Sa se yon **pwofesè**.

Yon pwofesè ede moun.

Pwofesè sa nan yon **salklas**.

Yon pwofesè ekri sou yon **tablo**.

Yon pwofesè chita nan yon **biwo**.

Èske ou konnen yon pwofesè?

Moun Mwen Rankontre Yo

PWOFESÈ

CRABTREE
Publishing Company

Ekri pa: Douglas Bender
Ki fèt pa: Rhea Wallace
Devlopman Seri a pa: James Earley
Korektè: Janine Deschenes
Konsiltan Edikasyon: Marie Lemke M.Ed.
Tradui pa: Jean-Pierre Gaston

Photographs:
Shutterstock: ESB Professional: cover; michaeljung: p. 1, 3, 14; wavebreakmedia: p.5; Monkey Business Images: p. 7, 13, 14; Evgeniy Kalinovskiy: p.9, 14; Szasz-Fabian Illka Erikca: p. 10-11, 14

Crabtree Publishing Company
www.crabtreebooks.com 1-800-387-7650

Copyright © 2022 **CRABTREE PUBLISHING COMPANY**

All rights reserved. No part of this publication may be reproduced, stored in a retrieval system or be transmitted in any form or by any means, electronic, mechanical, photocopying, recording, or otherwise, without the prior written permission of Crabtree Publishing Company. In Canada: We acknowledge the financial support of the Government of Canada through the Canada Book Fund for our publishing activities.

Published in the United States
Crabtree Publishing
347 Fifth Avenue
Suite 1402-145
New York, NY, 10016

Published in Canada
Crabtree Publishing
616 Welland Ave.
St. Catharines, Ontario
L2M 5V6

Printed in Canada/102021/CPC